# BELLEN WOODARD
# MÁS que DURAZNO

"CAMBIANDO EL MUNDO...
¡CRAYÓN POR CRAYÓN!".

ILUSTRADO POR FANNY LIEM

SCHOLASTIC INC.

Con mucho amor y agradecimiento para Quan, mi hermano mayor, y para Nicolle Cárdenas, por sus consejos y su invaluable apoyo a la traducción, los cuales realmente capturaron mi voz y la autenticidad de esta historia. ♥Bellen

A mis padres y maestros. Gracias por proveer un entorno seguro donde desarrollar nuestra curiosidad y humanidad. Y gracias a ti, lector, por ser tú mismo y BRILLAR. ♥Bellen

Originally published in English as *More than Peach*

Copyright © 2022 by More than Peach, LLC.
Translation copyright © 2024 by Scholastic Inc.

ISBN 978-1-339-01320-6

10 9 8 7 6 5 4 3 2 1            24 25 26 27 28

Printed in the U.S.A.                    40
First Spanish edition, 2024

All photos provided by the Woodard Family
Written by Bellen Woodard
Illustrated by Fanny Liem
Book design by Salena Mahina

# ¡HOLA!

Soy Bellen, presidente del Bellen's More than Peach Project™ y primera Crayon Activist™ del mundo, ¡y ahora puedo agregar también "transformadora de la industria"! Empecé el proyecto More than Peach (Más que durazno) tras hacer algo que no sabía que haría... y tras crear productos que terminaron provocando un cambio muy grande.

¿Mi meta? Quiero asegurarme de que ningún niño se sienta fuera de lugar simplemente por ser el ser humano que es.

Mi libro te mostrará cómo logré transformar mi salón de clases (¡y más!) para que fuera súper genial para todos, y cómo tú también puedes, sin importar tu edad, ayudar a mostrar el camino, aunque te parezca imposible. Si tienes preguntas o ideas después de leer este libro, puedes incluso conectarte conmigo.

Estoy impaciente por ver lo que harás:

"More than Peach (Más que durazno) va más allá de los crayones".

# ¡TIENES MI APOYO!

## —BELLEN WOODARD

3

—Arriba, arriba, rayito de sol. —Así es
como me despiertan.

Pero por un instante mis ojos se aferran a
los sueños de la noche anterior, aún no estoy
lista para dejarlos ir.

4

Mis mañanas están llenas de sonrisas y tropezones.
Siempre andamos ajetreados por la mañana.

Estar con mis hermanos es como mirarme
en un espejo: sus rostros reflejan el mío.
Sombras del mundo con los
mismos ojos cálidos
y curiosos.

Suspiro al despedirme.
Los reflejos de mis hermanos se pierden
y me dejan sola.

Pero "yo" soy más que suficiente.
¡Y lo aprovecho!

8

A veces tropezamos, pero los amigos nos sujetan.

La escuela es un hogar lejos del hogar.

Y en el hogar aprendemos a crecer.
—¿Alguien tiene el crayón de color piel?
—pregunta uno de mis amigos.

Algunos lo llaman el crayón de color piel. He escuchado ese nombre en muchas ocasiones.

Pero esta vez, cuando le alcanzo a mi amigo el crayón color durazno, algo me hace sentirme diferente.

—¿Alguien puede alcanzarme el crayón de color piel? —pregunta más tarde otro de mis amigos.

La pregunta resuena en el salón.

A mis maestros no parece molestarles
esta pregunta. Tampoco a mis amigos.

¿Por qué soy yo la única que se siente confundida?

Mi mamá y yo celebramos el día compartiendo anécdotas y risas.

Le cuento lo del crayón de "color piel". Le explico que, aunque la pregunta me desconcierta, siempre les alcanzo el crayón durazno.

—Bueno, nuestra piel es de color marrón. La próxima vez, ¿por qué no les alcanzas el crayón marrón? —dice mi mamá.

Pero eso tampoco
me parece bien.

Lo pienso por un
rato, ¡y se me ocurre
una idea!

—No, mami. En lugar de eso, les preguntaré qué color quieren —respondo—, porque la piel puede ser de un *sinnúmero* de hermosos colores.

Y así, la próxima vez que alguien hace esa pregunta, respondo:

—¿Cuál de ellos? La piel puede ser de un sinnúmero de hermosos colores.

—¡Ah, sí! Me refiero al color durazno —dice una de mis amigas.

De repente, me doy cuenta de que si esta amiga entendió, tal vez mis otros amigos también lo entiendan.

Una y otra vez me hacen la misma pregunta.

Una y otra vez respondo de la misma manera.

Delicadamente, conscientemente, tratando de cambiar el lenguaje.

Hasta que finalmente escucho un eco. Mi maestra le da a otro chico la misma respuesta que yo.

—¡Por supuesto! —dice la maestra—. ¿Qué color de crayón quieres? Porque la piel puede ser de un sinnúmero de hermosos colores.

25

Yo fui la chispa, y ahora todo mi salón se enciende.

Es muy importante que tu entorno brille, como tú.

Muy pronto, el nuevo lenguaje se propaga por toda la escuela.

¡Si puedo generar un cambio tan grande en esta, también podría hacerlo en otras escuelas!

Plasmo mi idea en un papel, y mi familia me ayuda a hacer un plan.

Crecer no siempre es fácil. El cambio es un esfuerzo colectivo.

¡Y cuanto más grande sea el colectivo, más rápido ocurrirá el cambio!

Siento las pautas y les pido ayuda a mis amigos, a la escuela y a toda la comunidad.

En todo el mundo está cambiando el lenguaje. Las mentes están creciendo.

Y seguiremos adelante hasta que el mundo sepa que somos más, mucho más que color durazno. ¡Somos de todos los colores!

Juntos podemos mostrarle al mundo el poder de los niños, ¡crayón por crayón!

# "EN VEZ DE PREGUNTARLES A LOS NIÑOS QUÉ QUIEREN **ser** CUANDO SEAN GRANDES, PREGÚNTENLES QUÉ QUIEREN **cambiar**".

♥ Bellen

**BELLEN WOODARD es la presidente del Bellen's More than Peach Project™, primera Crayon Activist™ del mundo y la creadora de los crayones de "color piel", ¡además de transformadora de la industria! La marca y el proyecto de arte innovador e inclusivo de Bellen, los primeros de su tipo, han originado un movimiento internacional centrado en la empatía y el liderazgo juvenil.**

Bellen creó More than Peach (Más que durazno) en la primavera de 2019, cuando solo tenía ocho años, con el objetivo principal de fomentar la conversación y "poner crayones multiculturales en las manos de todos los estudiantes" para hacer crecer la empatía, la creatividad y el liderazgo, con el fin de que ningún niño se sienta fuera de lugar. ¡Esto lo logró después de cambiar para siempre el lenguaje con respecto al crayón de "color piel" en su propio salón de clases y en su escuela! Desde entonces, ha promulgado cambios a gran escala en todo el mundo.

El impacto de Bellen va en ascenso y alcanza diferentes culturas y generaciones, lo cual ha inducido incluso a las marcas de materiales de arte más reconocidas a seguir su ejemplo, y la niña se ha convertido en el rostro de una nueva generación de productos inclusivos. Bellen comenzó su misión organizando una campaña en su escuela con el amable apoyo de su directora. El ingenio y la compasión de la niña inspiraron a los estudiantes de todos los grados a unirse a la campaña, ¡e incluso a encabezar sus propias iniciativas! ¡La directora ha declarado no haber visto nunca algo igual!

Bellen continúa haciendo historia, y sus crayones y materiales de arte, así como el recuento de su activismo, han sido incluidos en varias exhibiciones. También ha obtenido muchos galardones importantes, además de anuncios, ¡y sus crayones y materiales de arte pueden encontrarse ahora en los museos! Bellen también ha sido reconocida en un artículo de portada de *Scholastic News*, nombrada entre los cinco mejores niños del año por *TIME*, salió entre los 25 primeros futuristas de *The Root* y fue homenajeada por la Liga Antidifamación. Además, ha aparecido en *Vanity Fair* Italia, *NBC Nightly News with Lester Holt* y en muchos otros medios de comunicación importantes en todo el mundo. ¡Su mensaje único y los materiales de arte de More than Peach ahora se encuentran en las tiendas Target, disponibles para más estudiantes a nivel nacional!

Bellen es una lectora voraz. Comenzó a leer a los dos años y le encanta escribir sus propias historias (adora en secreto los proyectos escolares). Además de escritora, también ha sido modelo profesional desde los seis años, y es bailarina de ballet clásico y danza contemporánea. Se ha reunido con la ex primera dama Michelle Obama, la Dra. Mae Jemison y el secretario de Educación Dr. Miguel Cardona, con quienes ha publicado recientemente entrevistas para *TIME/TIME for Kids*. Y, lo que es más importante, ¡esta joven miembro de Mensa es ahora estudiante de sexto grado! Para obtener más información sobre el proyecto More than Peach, conectarte con Bellen o solicitar sus productos, visita morethanpeach.com.

# CÓMO...
## lograr un impacto

### ¿SABÍAS QUE EL CRAYÓN DURAZNO REALMENTE SE LLAMABA "COLOR PIEL"?

Me pareció raro que solo hubiera un crayón con ese nombre y que incluso hoy en día solo existiera un crayón llamado "color piel". ¡Con mi proyecto quise que todas las personas supieran que las valoro y que respeto su entorno o espacio (así como sus intereses y negocios)! Por eso mi solución fue crear crayones de "color piel" que se llamaran —de qué otro modo podría ser— "color piel", con el fin de que todos encontráramos una narrativa en la que nos viésemos reflejados. De ese modo, mis crayones permiten que todos los niños que los usen puedan verse representados a sí mismos y a los demás.

### ¿QUÉ TE GUSTARÍA HACER?

¿Te interesa la exploración espacial, la amabilidad, la conservación del planeta o tal vez un invento, por ejemplo, algo que evite que tus collares se enreden? Pues, ¿quién sabe? ¿Te gustaría ver un cambio en tu escuela o tal vez en casa? Bueno, ¡¿a qué esperas?!

Comienza marcando la pauta.

## ALZA TU VOZ, TRASMITE TU MENSAJE, LLEGA A TODAS PARTES

# ALZA TU VOZ

Sueña en grande y contempla las posibilidades a tu alcance. Cree en ti y en lo que estás haciendo porque serás tú quien haga que tus ideas alcen vuelo. Cree también en los que te rodean.

# TRASMITE TU MENSAJE

Prepárate para hablar de tu proyecto. Puedes hacer una presentación, pero en realidad se trata de compartir tu idea para que los otros la entiendan. Si no te entienden, no te preocupes porque es posible que no todos lo hagan, pero si es importante para ti, sigue adelante. Como me dijo una vez la Dra. Mae Jemison: "¡No te encojas!".

¡El apoyo es genial! Tal vez al principio estés solo, pero si se trata de lograr un impacto, recuerda tener en cuenta a los demás. Está bien si no eres la persona más extrovertida o si no hablas de ello todo el tiempo, pero asegúrate de que los demás sepan cómo te sientes y por qué esto es importante para ti. Organiza una reunión con tu director o con tus padres, O incluso con tus hermanos. Sí, con ellos.

# LLEGA A TODAS PARTES

Tu mensaje y tu voz merecen ser escuchados en cualquier entorno o espacio en el que te encuentres. Siempre trato de lograr un impacto donde quiera que esté. Puede que esto no sea lo más fácil que hayas hecho en tu vida, pero vale la pena. ¡Recuerda, contempla las posibilidades! Eso es importante. ¿Cuánto te importa realmente tu misión?

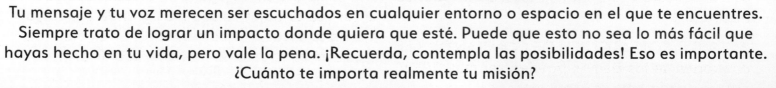

**PASOS QUE PODRÍAN SERTE ÚTILES:**

- ¡Lee acerca de otros que como tú han dejado su huella! **Consejo importante:** asegúrate de buscar información sobre personas como tú, pero también sobre otras personas que luzcan diferentes o tengan diferentes talentos y habilidades. ¡¿No te parece emocionante?!

- Pídele ayuda a tu bibliotecario, a tus maestros o a tus padres. Explícales tus objetivos (y no olvides compartir con ellos el importante consejo anterior).

- Si tienes dudas o estás nervioso, habla de eso también. Apuesto a que no eres el único.

# CÓMO...
## iniciar una campaña

Una **campaña** es solo una forma de unir a todo el mundo para ayudar a los demás. Así fue como comencé mi proyecto más grande. Los estudiantes pueden organizar una colecta de abrigos para el invierno o de juguetes para las Navidades. Yo organicé una campaña para hacer que los materiales de arte nos tuvieran a todos en cuenta. **¿Qué tipo de campaña te gustaría iniciar?**

No sabía cómo funcionaría mi primera campaña, pero ¡lo más importante fue lograr que la gente se movilizara! Definitivamente nunca imaginé que mi mensaje llegaría a todo el mundo. Esa campaña en mi escuela tuvo un efecto dominó, ¡niños tan pequeños como los de preescolar (¿quizás incluso menores?) comenzaron su propia campaña!

### TÚ TAMBIÉN PUEDES LOGRARLO:

**1. EMPIEZA POR ALGO SIMPLE.** Piensa en algo que te molesta. ¿Qué cambiarías? ¿Cómo podrías mejorarlo?

**2. HABLA CON ALGUIEN DE CONFIANZA.** Las opiniones de los demás pueden ser muy útiles, pero recuerda: este es tu proyecto, ¡así que confía en ti mismo para encontrar tu propia solución!

**3. HAZ ACOPIO DE IDEAS.** Si puedes, escribe un resumen del problema y de cómo quieres abordarlo. O dilo en voz alta. Incluso puedes practicar haciendo videos con tus amigos. Deja que tu pasión positiva brille porque, a medida que crecemos, es importante que nuestro entorno también crezca. ¿Cuáles son tus metas pequeñas y grandes? Planifica el comienzo y el término de tu campaña. ¿Qué necesitas para empezar? ¿Cómo conseguirás lo que necesitas? ¿Cómo harás correr la voz?

**4. RECUERDA: ES EN SERIO.** Puedes organizar una campaña en tu hogar o en tu salón de clases. O tal vez tu objetivo sea más grande e incluya a toda tu escuela (o comunidad). Cualquiera de esos está bien, pero no tengas miedo de empezar por algo sencillo.

**5. ¡CREE EN EL PODER DE LOS NIÑOS!** Estás a punto de tener un impacto. ¡Y eso es importante!

## 6. REÚNETE CON TU DIRECTOR O TUS PADRES.

¿Recuerdas tu presentación? Ahora es cuando te será útil. Si necesitas ayuda, pídesela a aquellos que te parezca beneficioso que se te unan. No te preocupes si estás nervioso o no te sientes tan preparado como te gustaría. Todos están aprendiendo. Sin embargo, explica en la reunión cómo te gustaría marcar la pauta. Y siéntete orgulloso del trabajo que has hecho hasta ahora. ¡Bien hecho!

## 7. PREPÁRATE PARA EL GRAN DÍA.

## 8. ¡LANZA TU CAMPAÑA Y SIGUE COMPARTIENDO!

La inauguración de tu campaña es un gran día, pero no tienes que organizar una gran celebración. "No hay reglas para colorear, ¿verdad?". Haz que el día sea especial a tu manera.

## 9. SIGUE ADELANTE y haz ajustes por el camino.

Envía actualizaciones y recordatorios. Informa a los demás de lo que aún se necesita y recuérdale a tu comunidad cuántos días quedan. Esto puede hacerse por medio de las mismas vías en que presentaste tu campaña.

Bueno, ya tienes lo básico. Y puedes seguirme o visitar mi sitio web para obtener más detalles o para ver lo que estoy haciendo. Me encantaría saber cómo te va. Recuerda: ¡tus sueños son MÁS y comienzan contigo!

# COSAS QUE TÚ PUEDES HACER

## RECOLECTAR SUMINISTROS:

Si puedes ganar dinero para ayudar a tu proyecto, ¡eso sería genial! Yo empecé mi proyecto con el dinero que había ahorrado del modelaje. También puedes comunicarte con la organización de padres de tu escuela para que te ayuden a comenzar.

## FORMAS DE PROMOVER TU CAMPAÑA Y TUS METAS:

Volantes

Noticias matutinas

Boletín escolar

Carteles

Promoción a través de la organización de padres de la escuela